VIE PRIVÉE

D'UN

ORPHELIN

ÉCRITE PAR LUI-MÊME

Dédiée à son Ami X. S.

PAR

Antoine ORTILLON.

La vie est un voyage singulier,
chanceux et pénible.

PARIS

IMPRIMERIE BOISSEAU ET AUGROS,

PASSAGE DU CAIRE, 123-124.

1857

AVERTISSEMENT.

Si j'offre à quelques personnes la lecture de cet exposé de mes jours et de mes pensées, c'est à ceux qui s'intéressent à moi principalement. Lecteur, ne vous attendez point à trouver dans ce triste récit quelque chose de curieux ni d'éclatant ; vous n'y trouverez qu'une vie abreuvée de peines et de tribulations. En la dédiant à un ami, je ne l'ai écrite qu'en vue de lui être utile contre les embûches où la jeunesse va se heurter sans cesse ici-bas.

Puisse le ciel exaucer mes vœux, voilà mon désir.

ORTILLON.

AU LECTEUR.

Voici l'histoire de ma vie;
Lisez, vous connaîtrez mon sort
Ainsi que ma philosophie.
L'infortuné peut avoir tort,
Mais le roseau qui souvent plie
Résiste à l'autan le plus fort :
Toujours la sagesse est suivie
De la paix du cœur, qui ressort
Du plaisir de l'économie.
Autrement, le regret qui mord
Nous plonge dans la rêverie,
Et notre peine est un effort.
Orphelin, sans mère chérie,
Quand ma sœur fait naufrage au port !...
Or, ma course presque accomplie
Ne me laissant aucun remord,
Je descendrai dans l'autre vie.

(LA MORT.)

MON ACROSTICHE.

Ouvrant le livre de ma vie,
Rappelant ici mon passé,
Toujours me trouvant oppressé,
Il m'a fallu vaincre l'envie.
Louez-moi, pauvre serviteur,
L'honneur fut vraiment mon fétiche;
Offrant ainsi mon acrostiche,
N'oubliez jamais mon bon cœur.

(L'Auteur.)

VIE D'UN ORPHELIN.

CHAPITRE PREMIER.

Ma naissance et mon bas-âge.

Né en 1818, le 26 avril, dans un village du canton de Chavange, province de Champagne.

Quoniam pater meus, et mater mea, derelique-rut me, Dominus autem assumpsit me.

(Ps. 26. – V. 16.)

> Dès le berceau de mon enfance,
> Je fus plongé dans la souffrance;
> Jamais tendresse d'une mère
> N'eut pour moi caresse légère.

Aucunes consolations ne sont venues sécher les larmes de mes angoisses, ayant été élevé par des mains étrangères. Ah! combien mon adolescence a essuyé de refus et de rebuts!.. Combien de larmes amères n'ai-je pas versées, où tant d'autres humains n'en connaissent pas la source!...

Combien ai-je désiré l'épanchement de mon cœur! Mais, hélas! soupirs inutiles! ce n'était que le prélude des misères qui m'attendaient dans le cours de mon exil et de ma vie. Il faut accomplir ce commandement à la lettre : « *Tu mangeras ton pain à la sueur de ton front.* » Pour moi, ce n'est pas assez : il faut encore qu'il soit mouillé des larmes de l'infortune, qui n'ont point tari; plus, les mauvais traitements, les injures, les coups, la nudité, les privations de toutes sortes. Me voilà dans le monde avec une ignorance complète de mon Créateur!

J'ai cependant trouvé une âme charitable qui prit soin de me retirer de la fange où j'étais plongé; elle me revêtit d'habillements décents, et me donna les premières leçons pour arriver à être admis aux instructions dogmatiques et morales, pour participer à ce banquet divin, où tous les hommes sont invités sans distinction. J'y fus admis.

Mais, ô jour de douleur ! ô jour de grands soupirs !... Je tourne mes yeux remplis de larmes sur l'assemblée pieusement agenouillée ; mais, ô regards inutiles ! les objets que je cherchais ne vivaient plus pour moi que dans mon âme !... Pas un être ne vint me presser la main ; mon cœur se serra alors, que dis-je ? il brûlait du désir de quitter ce monde pour retourner à sa source enflammée.

> D'un grand nom
> Dans ma jeunesse je fus nommé ;
> Dites, si me nommant de R***,
> Je puis signer en sûreté ?
> — Bref, l'on me répondit que non.
> Mais véritablement, me dit-on,
> Votre nom est ORTILLON ;
> Et d'une mère coupable
> Voilà le seul héritage.
> A qui la faute ou le pardon ?...
> Est-ce à la mère, au rejeton ?

CHAPITRE II.

J'entre au service d'un cultivateur.

Me voilà donc sorti de l'enfance, et, pour le moment, je me trouve être mis à l'enchère par des *maîtres* avares, accapareurs, qui spéculent sur mon salaire.

Je change de position, et dès aussitôt un autre tourment se présente : ce sont des accidents qui viennent m'accabler de douleurs et d'ennuis. Il faut marcher, tout endurer, bon gré ou malgré les souffrances. Là, point de satisfactions, plus de devoirs consciencieux à suivre, point d'humanité ; les Malthus ne connaissent et n'apprécient que l'argent.

Né avec un caractère vif, emporté, combien il a fallu travailler sur moi-même pour briser cette volonté personnelle, et pour la soumettre à une volonté absolue et aux caprices des riches, à des emportements douloureux et à des humiliations journalières !...

En voyant les êtres pervers,
Le maître de l'univers
A dit aux *maîtres* de la terre :
Traite ton esclave comme ton frère.
Que jamais l'odieux
Ne monte jusqu'aux cieux ;
Car tout *maître* cruel
Est indigne de l'Éternel.
Dieu créa l'homme à son image,
Et l'homme créa l'esclavage.
Jésus prêcha la liberté,
Le pardon, la fraternité ;
Mais, hélas ! partout la richesse
Prend l'égoïsme pour déesse.
Oui, les humains seraient heureux
S'ils pouvaient s'accorder entr'eux.

CHAPITRE III.

Je suis blessé, et comment j'ai passé huit ans à l'hospice de Vitry.

J'étais sur le point d'espérer un sort plus agréable par ma force et mon travail et avec mes épargnes ; mais non, il fallut les sacrifier pour un accident imprévu qui vint me les enlever, ainsi que ma vigueur, pour toujours, malgré ma jeunesse ; il a fallu rester six mois sur un lit de douleur, entre la vie et la mort. Enfin, je revins à la vie, sans être infirme.

Abandonné des hommes de l'art, je tournai mes yeux vers celui qui guérit toutes nos langueurs ; je trouvai un soulagement visible dans mes douleurs et une amélioration dans mes membres et mes esprits.

O Dieu propice ! tu m'as ouvert un asile où ma vertu naissante a pris racine ; prends l'hysope au lieu de la foudre, daigne m'absoudre. La neige aura moins de blancheur que ma vie ;

parle, grand Dieu! toi dont la toute - puissance créa le monde entier.

Pour me former un autre sang, dans cette maison je fus environné d'âmes charitables qui se dévouaient pour adoucir ma triste position ; toutes se chargeaient de me faire apprendre un état manuel, vu que je ne pouvais pas continuer les pénibles travaux de la campagne, la culture des champs.

J'apprends donc le métier de bonnetier, et je ne pouvais vivre avec le faible prix de mon travail. Les personnes qui s'intéressaient à mon sort me procurèrent une place bien peu lucrative, insuffisante et bien répugnante pour mon âge et mes goûts. Car j'avais vingt ans à cette époque ; mais j'étais bien grand devant Dieu, je veux dire pour soigner et servir les malades dans un hospice civil, avec résignation et dévouement, où pas un seul pas ni aucune veille ne sont inutiles pour l'humanité.

Ici, Lecteur, j'interromps le fil de mon histoire pour m'occuper de ma sœur, la connaître et satisfaire l'amour fraternel, jusque - là resté ignoré pour moi.

Voici le récit de mon voyage et de la reconnaissance que nous eûmes ensemble, ma sœur et moi, pour la première fois. Hélas! les instants de bonheur sont si courts!...

CHAPITRE IV.

Comment j'ai découvert le domicile de ma sœur Anaïs; notre entrevue et notre épanchement cordial et fraternel.

> Un frère est un ami donné par la nature,
> Une sœur est pour lui l'amie la plus pure.
>
> (LE SENTIMENT.)

La Providence voulut un jour que je fisse la rencontre d'un individu provincial, auquel je demandai de quel pays il était. Il me répondit qu'il était de Troyes en Champagne, département de l'Aube. Sur cette affirmation, je demandais s'il ne connaissait pas un M. V.; il répondit que oui. — Il me demanda si je le connaissais aussi. — Je dis, non; mais que je connaissais simplement sa demoiselle, mais pas personnellement. Toutefois, son nom m'est cher, ajoutai-je. Il m'affirma que c'était une jeune et gentille personne de dix-huit ans. — Je lui déclarai que depuis longtemps j'avais le désir de la connaître et de savoir quel était son sort. — Il m'assura qu'elle était assez heureuse avec sa belle-mère, bonne pour elle depuis qu'elle avait perdu son père, et qu'elle était plus libre de ses actions maintenant. D'après cela, j'ai prié ce monsieur de vouloir bien, de ma part, lui remettre une lettre, en lui disant qu'elle venait d'un ami de son frère.

— Il s'en chargea d'autant plus volontiers qu'il avait remarqué les vives émotions que j'éprouvais pendant sa conversation avec moi.

Quelques jours ensuite, mon messager officieux partit, étant guéri d'une blessure qui le retenait loin de ses affaires; enfin, quelques jours étaient à peine écoulés, que je vis que c'était un homme de parole; je reçus un écrit ainsi conçu :

« Monsieur,

« J'apprends avec sentiment que vous savez
« où se trouve être mon frère; je vous assure
« que Dieu m'a bien éprouvée en ce monde : j'ai
« perdu père et mère!... mais vous savez où est
« mon frère et quel est son sort, et je donnerais
« mille vies pour le presser dans mes bras. Soyez
« assez obligeant, Monsieur, pour procurer à sa

« tendre sœur le doux bonheur de connaître son
« cher frère, puisque je sais actuellement qu'il
« existe, qu'il peut avoir vingt-deux ans d'âge.
« Feu mon père m'en avait parlé, mais jamais je
« n'ai pu recevoir de ses nouvelles ; priez-le bien
« de m'en donner.

« J'ai l'honneur, Monsieur, d'être, etc.,

« Anaïs V. »

Après avoir fait lecture de cette lettre satisfai-
sante, j'appris que de Vitry-le-Français pour al-
ler à Troyes il y avait une distance de 72 kilo-
mètres, et, pour toute réponse à faire, je partis
sur-le-champ. J'arrivai exténué de fatigue, après
une grande journée de marche forcée. Ne sachant
où loger, je pris mes mesures pour pouvoir résis-
ter aux plus naturelles émotions d'une première
entrevue. Je ne sus quoi imaginer pour rendre
plus libre et solennel mon entretien avec cette
digne sœur, car de rencontrer un être qui nous
est si cher et que l'on voit pour la première fois,
que de charmes et d'agréables souvenirs cela ne
fait-il pas naître !... Le cœur fraternel est as-
siégé d'épanchements, la vie paraît plus appré-

ciable, surtout en pensant que la volonté d'un père m'avait refusé cette félicité depuis si long-temps désirée par moi; car combien de fois lui ai-je écrit itérativement à ce sujet sans obtenir de réponse ; tout cela se remémorait dans mon esprit; je sentais que j'avais besoin de repos; je fis halte au *Pont-Hubert,* petit village près de la ville de Troyes ; j'y passai la nuit, et, dès le point du jour, je m'acheminai près du pays où je me rendais, et plus j'approchais du terme de mon voyage, plus je sentais battre mon cœur que la joie dilatait en pensant que, dans quelques moments, j'allais presser sur ma poitrine une sœur chérie dont l'orgueil d'un père m'avait caché la connaissance pendant bien des années.

M'y voilà donc arrivé : je frappe à la porte, l'on m'ouvre aussitôt; je demande si c'est ici que demeure mademoiselle Anaïs ? — Une bonne femme sexagénaire me répondit que oui, en ajoutant : Que demandez-vous, Monsieur? — Je l'abordai avec politesse ; elle me dit qu'il était bien bon matin, puisqu'il n'était que cinq heures, et qu'à cette heure mademoiselle Anaïs n'était pas levée. Nous étions au mois d'août. J'insistai pour pouvoir dire quelques mots à cette demoiselle même; on fut l'avertir; elle descendit de sa chambre, me salua comme un étranger; elle me demanda d'une voix douce et plaintive ce que je lui voulais? — Je lui dis alors d'une voix suppliante, le sourire sur les lèvres, que je venais de bien loin pour avoir le plaisir de m'entretenir avec elle sur sa famille. Je remarquai que son visage, par pudeur, se colorait d'une fine rougeur, comme on le voit chez les jeunes et sages personnes bien élevées à la vue d'un jeune homme inconnu pour elles. Anaïs me dit qu'elle n'a plus qu'un frère qu'elle ne verra peut-être jamais. — A ces mots, ses yeux se mouillent de larmes; moi-même je me sens ému, je lui tends la main et lui dis : C'est donc toi, ma bonne sœur, toi que je cherche depuis si longtemps? — A ces mots elle tomba dans mes bras, sans connaissance, évanouie; puis, revenant à elle-même, nous causâmes de notre sort à tous les deux. Je lui exprimai combien je me trouvais heureux, mais qu'il manquait encore quelque chose entre nous deux; elle me dit : Qui? Je lui réponds en levant les yeux au ciel : C'est notre mère! Elle versa des larmes, ce qui soulagea sa douleur ; elle me demanda si je l'avais connue ? Je lui avouai que non et que j'en avais le plus profond regret. Elle me pria de lui raconter ce qui concernait mon jeune âge ; je lui dis en peu de mots qu'élevé par des mains étrangères, j'avais été privé des douceurs de l'enfance et de l'adolescence ; qu'il m'avait fallu partir bien jeune pour gagner mon pain et ma vie à la sueur de mon front, et qu'à présent je pourrais soutenir l'existence contre les misères, les peines et les traverses du monde, et jouir au moins de la liberté si désirée des vivants. Mais toi, ma chère sœur Anaïs, que n'as-tu pas eu à souffrir de la part d'un père aussi sévère que le nôtre, qui a refusé à ses deux enfants, orphelins, de se voir et de se connaître !... Il a méconnu toutes mes lettres, étouffé le cri de la nature, empêché mes lettres de te parvenir pour t'informer que ton frère existait et t'aimait de toutes les facultés de son cœur !... Elle m'avoua qu'il n'en avait pas agi ainsi pour elle, et que je ne devais pas condamner ce bon père sans l'avoir entendue parler de lui. — Oui, mon frère, il prit soin de mon éducation ; je suis restée jusqu'à l'âge de seize ans au couvent, où j'ai appris à travailler en tous genres pour mon sexe ; je t'assure mon frère, qu'il m'aimait paternellement, quoiqu'il eût des enfants de son second mariage, et que sa belle-mère, que je voyais là, était très-bonne à son égard ; qu'elle lui rendait cette justice, et que, depuis le décès de son père, elle l'avait retirée du couvent pour l'avoir près d'elle pour compagne et pour l'aider dans les affaires de son commerce et de son logis.

Ma sœur m'invita avec bonté à passer quelques jours auprès d'elle, pour me faire connaître la ville et les habitants de l'endroit. Je lui dis que j'acceptais d'autant plus volontiers que j'avais à jouir d'une permission d'absence pour encore quelques jours.

En définitive, il fallut se dire adieu après être resté quelques jours en famille ; alors nous nous sommes bien promis, en bons parents, de nous écrire exactement, n'ayant plus d'obstacle à notre correspondance d'amitié pour qu'elle fût fréquente selon notre gré.

Après cette promesse, je donnai le baiser de départ à ma sœur et à la belle-mère, et, le cœur serré, je me mis en route en pensant à la bonne réception qu'on m'avait faite. J'avais la joie de dire : Je ne suis plus seul sur la terre, j'ai retrouvé une digne sœur que j'affectionne on ne peut plus. — En pensant de cette manière, je marchais avec plus de courage, et le voyage me paraissait moins long. J'arrivai à Vitry le cœur satisfait, plein d'espérance de revoir souvent cette bonne sœur.

De retour, je repris mon service avec plus d'activité et d'assurance ; mais en soignant les malades, j'ai malheureusement été atteint de leurs maladies contagieuses ; mes forces se sont épuisées, ma poitrine s'est irritée, affaiblie au point d'être obligé de sortir de ma place après avoir passé les huit plus belles années de ma jeunesse à soigner les débiles humains. De tout cela il ne me reste plus que le souvenir des bonnes gens qui prirent égard à moi, à mon enfance, pour m'instruire le mieux qu'ils purent, et c'est ma consolation de penser à l'Être suprême, maître de nos destinées. Bénissons ses divines volontés, acceptons le temps comme il vient : celui qui se contente de son sort est partout heureux.

CHAPITRE V.

Je pars pour Paris, j'entre en service bourgeois.

> A Paris, faut être intrigant
> Pour briller et vivre à la ronde;
> Car, tel qu'on voit au premier rang
> Sort souvent du plus pauvre monde.
> Le domestique est méprisé,
> Cependant il est fort louable;
> A Paris, pour être prisé,
> Il faut savoir tromper le Diable,
> Quand même il serait baptisé.

Décidément, me voilà dans la société turbulente et joyeuse avec artifice, au service de grands personnages, et je suis donc obligé de vivre avec des gens qui ne sont pas de mon sentiment; pas un ami qui me fasse entendre la voix de la sagesse, de la bonne philosophie; on me commande avec un ton arrogant, fier, humiliant, et il faut ne faire aucune observation; c'est de l'obéissance passive qu'on exige, pareille à celle des esclaves envers leurs maîtres barbares ; enfin, si je sacrifie mon corps, ma santé, je réserve mon âme pure en vue du Seigneur notre Dieu. Malgré les railleries de mes compagnons, je n'en continue pas moins mes devoirs d'honnête homme, guidé par la religion.

Toutefois, je sentais un vide dans mon cœur, éprouvant le besoin d'aimer ; mais un instinct me faisait craindre un reproche, et où d'autres ne trouvent point d'appréhension, ni rien qui les blesse, je sentais ce sang bouillonnant dans mes veines primer sur mes désirs ; voilà ce qui a empoisonné les plus beaux jours de ma vie. Je sentais le besoin de former une liaison légitime ; mais, soit confusion ou par crainte, je n'ai jamais rien réalisé de cela, malgré les avantages que je pouvais en obtenir ; aussi j'y ai renoncé pour toujours ; ma douleur n'en a été que plus amère ; mon être, dégradé sans en être la cause, en est la victime ; il m'en a toujours éloigné. Il me semble sans cesse entendre cette parole : « Fils d'Agar, tu n'as pas de douce part à nos réjouissances ! »

Je retrouve à Paris cette chère sœur que j'aimais tant ; mais, hélas ! la mort, la cruelle mort, va me l'enlever prématurément à la fleur du bel âge ; c'est encore un sacrifice à faire !... Me voilà donc seul sur cette terre fragile où tout est éphémère ; désormais point de consolations pour moi, infortuné ; tout est angoisse dans ce bas monde.

Enfin, j'entre dans une maison avec l'intention d'embrasser la vie réformée, mais un obstacle s'oppose à mon dessein ; après deux ans passés inutilement, je reprends le service de maison. Il survient une révolution populaire et je me trouve sans place ; je sacrifie mes économies ; une fois épuisées, je suis dans la nécessité de partir en province. Je voyage en Bourgogne ; je trouve une place à Auxerre, au collége, comme serviteur ; j'y suis assez bien, mais les appointements sont si peu de chose que, las de gagner aussi peu, je me décide à quitter cette place. Je reviens à Paris après avoir passé quatre ans en Bourgogne, charmant pays vignoble. On ne gagne rien à voyager à ses dépens, à moins que ce ne soit pour trouver de l'emploi.

CHAPITRE VI.

Mon retour à Paris; ce que j'endure; un ami.

La providence m'avait fait trouver un ami auquel je pouvais faire part de mes sentiments et de mes malheurs. Le véritable ami se connaît dans l'adversité, c'est ainsi que j'ai pu l'apprécier; cependant nous nous quittâmes; mais bientôt il se trouve à Paris, il vient me revoir, je lui procure une place près de moi; or, l'on n'est jamais en aussi bonne compagnie qu'étant avec ceux qui vous estiment et que l'on aime par sympathie et convenance.

En arrivant à Paris, j'avais été voir un ami qui me plaça chez une dame veuve, dans un village de la banlieue, où je fus placé avec des conditions raisonnables. Je ne fus pas longtemps sans m'apercevoir que j'avais affaire avec quelqu'un qui vient, comme une harpagonne, vous talonner et épier continuellement sous prétexte d'économie :

c'étaient l'égoïsme, la sordide avarice qui l'agitaient; tantôt cette dame était à gronder à l'office, tantôt à la cuisine pour voir ce qui se faisait; en un mot, sa défiance outrée la faisait espionner du matin au soir, jusqu'à m'enfermer chez elle quand elle sortait; c'est à ne pas y croire. Combien de fois me suis-je mordu les lèvres en entendant cette dame déchirer la conduite et la réputation des personnes attachées à son service, et qui se sacrifiaient pour cette *maîtresse* insociable jusqu'à soupçonner, sans motif réel, qu'on lui dérobait des choses quand elle sortait de la maison. Malgré les promesses qu'on m'avait faites, on me retira un tiers de mes gages, et, au lieu de récompenser mes travaux, on me refusait par dureté les choses les plus nécessaires à la santé : mon zèle ne m'a jamais pu obtenir que de l'eau, encore il me fallait emprunter des vases pour en puiser. Voilà l'état de servitude où j'ai été réduit pendant trois années, par amour de mon travail. Si la beauté des fleurs printanières est au dessus de toute louange, ce que j'ai souffert pour elles est au dessus de tout sacrifice humain : je me suis vu, pendant l'hiver de 1854, privé de toute espèce de moyen pour me garantir de l'intensité du froid; seulement un tube de cheminée, venant d'une troisième pièce, passait dans une chambre froide pour réchauffer un peu mes membres engourdis par la gelée. Un jour, en février, je me mis à boucher les issues de portes, et, bientôt après ce, je me trouvai asphyxié. Heureusement l'on vint m'appeler pour mon devoir, et l'on me trouva étendu sans mouvement sur le carreau, ne donnant plus signe de vie; l'air me ranima. Ma plume se refuse à décrire tous les travers que j'ai endurés pendant les trois ans de cet enfer. Hélas! j'ouvre les yeux sur la manière indigne avec laquelle on me traitait; je vis qu'il me fallait chercher un moyen pour me soustraire à cette tyrannique inquisition; je consultais mes petits fonds, résultat de cruelles privations, et je vis que j'étais encore obligé de courber la tête. Cependant je me décide à quitter cet odieux servage; j'en préviens la *maîtresse*, pour obéir à l'usage et à la civilité; pendant ce délai final, j'entendis dire que l'on était disposé à me payer douze cents francs de rentes; mais ce n'était qu'un leurre, une vaine promesse, car, en restant là, j'avais à choisir deux *récompenses*, la mort ou la folie. En résumé, j'en suis sorti accablé de fatigues et affligé moralement.

Ayant accepté l'offre d'une dame charitable qui voyait le grand besoin de repos que j'avais, elle m'offrit sa maison pour me rétablir, vu que je n'étais pas capable de rentrer de suite en service, et, quoique j'eusse une place, rien ne m'a été épargné sous le rapport de la nourriture, du repos, et des agréments. Je le dis à la louange de madame B.... que, grâce à elle, je suis revenu à mon bon état de santé et de force. J'entrai en maison après quinze jours de repos.

Maintenant, j'ai l'avantage d'être en service à Paris et m'y trouve bien traité sous tous les rapports; je m'y dévoue et n'ai qu'à me louer de mes bourgeois. — Je compte vingt-huit ans de services comme serviteur domestique, sur quoi j'ai été huit ans cultivateur, dix ans chez les commerçants, dix ans dans les grandes maisons; durant ce laps de temps, j'ai appris à apprécier les bons *maîtres* ou bourgeois : ce n'est pas où la richesse abonde que l'on est le mieux placé ; c'est le bon cœur, les nobles bontés qui font les bons *maîtres* et les zélés et fidèles serviteurs des opulents de ce monde, où l'on ne fait que passer, vu le temps qui court comme l'image de la vie.

Je termine mon exposé véridique en faisant appel à l'indulgence publique, car je n'ai jamais été m'instruire à l'école ; le peu que je sais , je l'ai appris par mon intelligence personnelle et à la dérobée , ce que l'on a bien voulu m'enseigner à l'amiable et à l'occasion.

La quarantaine m'ayant atteint , j'ai toute la vigueur d'un jeune homme et la probité d'une conduite irréprochable. Je prie le Ciel de me conserver la pureté de mes sentiments, l'amour de Dieu et du prochain, la liberté et mes hommages pour ceux dignes de respect et de bon souvenir.

J'invite mes amis de vouloir bien ajouter à cet opuscule ce qu'ils auront à dire de moi, après ma mort, pour ce qui concerne les actions de ma vie.

> Heureux qui peut finir son temps
> Au sein d'une vie paisible.
> Profitons de notre printemps,
> Amis, l'hiver est fort pénible,

Et le regret suit nos vieux ans ;
Et quand la vie est trop sensible,
L'espérance, en pauvres moments,
Montre un avenir moins terrible ;
Le malheur passe avec le temps.
Pour que le ciel soit accessible,
Il faut vivre selon les gens,
Selon les mœurs, selon la Bible.

Je termine donc, espérant un meilleur avenir.

CONCLUSION

Heureux qui peut, près d'une mère,
Passer au moins ses jeunes ans,
Et qui, par les secours d'un père,
Comme beaucoup d'adolescents,
Reçoit pour guide salutaire
Les avis de ses bons parents.
Mais quand on flotte à l'aventure,
Et, pour ne pas mourir de faim,
Comme l'enfant de la nature,
Qu'il faut vivre en gagnant son pain.
L'image de la créature
Présente un malheureux destin.
Avec un rayon d'espérance
Il est un Dieu pour l'orphelin ;
Sans cela la timide enfance
Serait bientôt à son déclin ;
Mais le hasard, la providence,
Lui font trouver un bon chemin,
Et l'on vieillit sans qu'on y pense.
Le politique, en ses cachots,
Hélas ! souffre bien davantage ;
Personne n'entend ses sanglots,
Le pardon n'est plus son partage :
Il a prêché le bien de tous,
C'est contraire aux grands de ce monde.

Il faut donc ne penser qu'à nous ?...
— C'est peu chrétien ; la terre est ronde,
Mon cher lecteur, qu'en pensez-vous ?
— Le soleil luit pour tout le monde !
Il vaudrait mieux passer pour fous
Que d'être au nombre de la fronde :
Des méchants évitons les coups.

FIN

TABLE

Typ. Boisseau et Augros, pass. du Cairo, 123-124.

» patron de Douai et le canon sur les murailles. Le
» chef de la trahison fut trouvé en l'hôtellerie, exé-
» cuté à mort et sa tête pendue maintes années sur
» le beffroi. »

Quant à la dévotion des pélerins arrivant journel-
lement en ladite église , pour honorer ses saintes
reliques et recevoir par son intercession les faveurs
de Dieu, particulièrement la guérison de la langueur
des enfants et d'autres maladies, elle s'y voit encore aujourd'hui fort fréquentée et célébrée; Dieu
ainsi honorant la mémoire des saints , conférant
plusieurs bénéfices à leur invocation à ceux qui les
honorent , comme il fit autrefois à l'ombre de saint
Pierre, et des mouchoirs de saint Paul que les malades honoraient et respectaient.

La fête de saint MAURAND se célèbre le 5 de mai
par toute la ville de Douai (1) , et le Révérendissime
Paul Boudot , évêque d'Arras , a dernièrement or-
donné que quand cette fête arriverait le jour de
l'Ascension de N. S., elle serait transférée au lende-
main. Dieu nous fasse à tous la grâce d'imiter les
vertus de ce glorieux saint , et surtout que ceux qui
sont héritiers de ses biens le soient aussi de ses
vertus. *Amen*.

------

(1) « La ville de Douai, dit le P. Lhermite , chôme la fête de
» saint MAURAND le 5 de mai. Il s'y trouva un téméraire qui voulut
» la violer par mépris; mais en présence des témoins qui lui fai-
» saient la correction fraternelle , pensant tailler en drap avec des
» ciseaux, il se coupa misérablement la main. » (*Hist. des Saints
de Douai*, etc., page 484.)

ORAISON A SAINT MAURAND.

Dieu éternel et tout-puissant, qui nous avez donné pour patron et défenseur votre bienheureux confesseur saint MAURAND, en l'âme duquel vous mîtes un tel dégoût des délices, honneurs et biens temporels, qu'il les quitta tous promptement pour votre service, faites-nous la grâce de jouir perpétuellement de sa protection, et mettez en nous un tel mépris de tout ce qui est ici-bas, que nous ne goûtions désormais que les joies spirituelles et célestes, pour les posséder en l'éternité.—*Amen.*

APPROBATION.

Cette histoire *de la vie de saint* MAURAND, *abbé,* a été lue par le soussigné, et jugée digne d'être mise en lumière à la plus grande gloire de Dieu et en l'honneur du saint, ne contenant aucune chose contraire à la sainte foi.

Fait en Douai, le 25 de mars 1630.

Gery LESPAGNOL,

Docteur en la S. Théologie, pénitencier
d'Arras et censeur de livres.

FIN.